JN113326

「職場の接遇」

上司・部下・同僚編

自身を成長させる「職場の接遇」

髙城 勝行

はじめに

私は、四十年以上の間、お客様に接する会社で、お客様に喜んでいただくために仕事をして参りました。勿論、一般の会社ですから業績を上げることが最終の目標になりますので、このための手段の一つに、お客様に喜んでいただくことが含まれ、ここに企業間の様々な施策の違いがあります。私がいた小売業、サービス業、ホテル業等、多くの接客業界では、一般的にお客様に接して喜んでいただくことを接客と呼んでいます。そしてお客様に喜んでいただく接客、つまり顧客満足のために、熾烈な競争が存在しています。

接客は、業界（仕事）が変わると接遇とも言われています。定年退職したのちに、市役所の臨時職員をしていたことがありますが、その際は来庁する市民への応対を接遇と呼んでいました。市役所に二年半位いましたが、勤務開始にあたり、受講した研修会で、接遇の説明を受けた記憶があります。つまり、一般企業のお客様応対を接客、市役所などの官公庁の利用者応対を接遇と呼んでいます。何れも共通して相手に喜んでいただく、満足していただくことを目的に応対しています。

もっと簡単に言うと、「人に喜んで貰う」このことが原点であり、これが基本の行動になります。幼いころ、家族や親戚、友達に喜んで貰うためにやっていた行動の原点がここであり、相手の喜ぶ笑顔を見て、自分も嬉しくなる。このことが人への優しさや、思いやりになり、仕事での接客・接遇へ繋がっていくような気がしています。

仕事は、一人で成り立つこともありますが、ほとんどが人との連携、同僚や上司、部下との連携で成り立っています、そしてその関係性、協力関係の強弱で結果が大きく変わることもしばしば出てきます。私が皆さんへ伝えたいことの大部分がここにあります。周囲との関係性の向上が、結果としての仕事の成果に結び付くことになりますので、このことにいち早く気付き、行動に移していただければと考え、これが切掛けで本を書こうと思いました。

もう一つの切掛けは、それは数年前に出会ったある一冊の本になります。その本のタイトルが『入社一年目の教科書』です。ご存知の方や、実際に読まれた方も多いかと思われますが、大ベストセラーになっています。ではなぜ切掛けになったかと言うと、書かれている内容のほとんどが、私の経験の中の出来事であり、腑に落ちると言うか、その通りと頷ける内容だったからです。実際に著者が場面として体験した内容で、私も同様に経験していたことから共感を持ち、そしてあの場面で、何故その選択をしなかったのか、今となっては遅いのですが、大いに反省をさせられる内容でした。

　時代が変わり、仕事の仕方や、仕事の受け方が変わっても普遍的だと思われることが、仕事の人間関係、つまり上司・部下・同僚との関係だと思います。私が描く仕事の人間関係は、私自身の四十年のキャリアの反省です。別に能力が高くもなく、と言って低い訳でもないと思っている普通のビジネスマンが、出会うであろう仕事や人生の選択の場面に、ヒントとなるアドバイスになればと考えて、まとめました。

　身近にアドバイスをくれる先輩や、何でも聞きやすい上司がいれば、必要がないと思いますが、今の時代は、この人間関係が希薄で、本人のための的確なアドバイスが本当にできるか疑問になります。言い過ぎれば、パワハラになり、当たり前と言えば、モラハラになる時代ですから、その加減を考える上司や先輩の胸中は、察して余りあります。私がいた業界の対象はお客様ですが、これを上司、部下、同僚に置き換えて、考えや行動を接客から接遇に置き換えて書くことにしました。

接遇とは、「おもてなしを最適な機会で伝えること」になります。接遇の対象は、お客様だけではありません。上司・部下・同僚にも接遇は存在します。相手の機嫌を窺うと言う考えではなく、相手の身になって考える、その考えが接遇に繋がります。その接遇を行うことで、仕事の関係が良くなり、仕事の成果が改善されます。

仕事の成果とは、何でしょうか。売り上げが上がり、業績が向上する、目標や目的が達成される。これは目に見える成果だと思いますが、それだけでしょうか。次に繋がる仕事に発展することや、短時間で出来るようになること、正確に出来るようになること、効率が良くなること、つまりムリ、ムダ、ムラが無くなり、円滑な仕事が出来る様になることも仕事の成果になります。具体的には仕事のストレスが無くなり、遣り甲斐に繋がることが重要な成果になります。

また、そこから自身へ接遇が返ってくることにも繋がります。つまり、人との関係性が向上し、事務作業だけでは得られない人間力が養われることとなります。そして接遇経験を積めば積むほど、その機会の回数が経験として積み上げられ、接遇力が向上し、結果的にお客様応対力も上がることにもなります。その組織内の行動を具体的にお伝えして参ります。

この本を読み終わって、「良かった」「参考になった」の評価より、実践して、「もっとこうすれば更に良かった」の反省（課題）があって、部下・後輩に、その反省を伝えることが出来れば、組織力向上にも結び付きます。成功の体験も失敗の体験も伝えることが、組織文化の醸造には大切なプロセスになります。

人生は一度きりです。友人、先輩、上司ほか、先人からの情報、アドバイスに耳を傾け、選択の幅を広げることが後悔のない選択になります。二者択一ではなく、三者択一、出来ればもっと多くの選択肢を持って選択していく、その時にいいアドバイスをくれる人がいたとしても最後は自分で決めなければならないでしょう。自分で決めることで、仮にその時の選択が間違っていたとしても、最善の選択をしたからと納得することもできます。

時は動きます、後であの時、こうすれば良かった、の想いは誰でも持ちます。その時の置かれた状況の中で、誰でも失敗をしたくないと思いながら選択をしていきますので、アドバイスを貰える先は、多い方が良い選択が出来ると思います。日頃からの周囲への接遇力向上で、多くのアドバイスと選択肢が得られるようにしていただければと思います。

目次

Ⅰ　上司・先輩へ

1　手帳（ノート）を活用することで信頼性が増す

手帳の使い方は、いろいろあると思いますが、自分だけの手帳であれば、単にスケジュールだけを記載することや、会議や研修などの重要事項を記録する目的で使うことが想像できます。

更に仕事で活かす使い方が考えられますが、その一つが、部下・後輩に仕事を依頼する場合の使い方で、誰に何をいつまでに依頼したかを手帳に記録します。手順や、やり方を伝える場合には、手帳に記入すると共に、部下にも「メモしなくて大丈夫か」と確認し、後で「言った」「言わない」の不安が生じない様にします。また、その後に依頼内容を変更する場合にも有効です。

手帳の活用は、直接的には仕事の精度や効率の向上に繋がりますが、信頼関係の向上にも役立つことになり、結果的に接遇に結びつきます。手帳を見れば、その人の仕事の組み立てがほぼ分かります。手帳は、一年前に何を考え、どんなスケジュールであったかを見返して、今年どうするかに役立てることもできますから、スケジュールの他に何があったかポイントを記入すると翌年の資料になります。

人に見せるために手帳を書くことはないと思いますが、見せることによって信頼関係が増幅することに繋がります。字が下手だから、恥ずかしいからは、誰もが抱く感情ですが、熱意や人間性が伝えられると考えれば、活用の範囲は広がります。

2　上司・先輩にも自身の考えを日頃から伝える

自身の考えが確り伝わっているのかどうか、分からなかったり、不足を感じている半信半疑の方が多くいると思います。コミュニケーションは良いことに違いがありませんが、どこまでが良くて、どこからが不足しているのか、明確な基準はありません。

仕事で例えれば、問題解決者が上司、先輩の場合は報告だけで済みますが、問題解決者が自分や他にいる場合には、問題解決の共通認識を持って貰うために、上司、先輩に考えを伝えることが必要になります。

よく聞く話ですが、報告連絡相談、報連相が出来ているのか、出来ていないのかを問われることがあります。上司の立場で考えると、仕事を任せる前提には、適時の報連相が出来ていなければ任せられませんが、日頃の言動から推測することは出来ます。

そのためには、自身の考えを伝え、相手の考えを聞く。それをその時だけにするのか、日頃からしているのかで、関係性が変わり、時間と手間も改善されます。つまり日頃から自身の考えを伝えておくことで、相手の考えを聞きやすくすることにもなり、仕事にプラスになる接遇になります。

また、ここから仕事上の考えのほかに、その人の人間性を知る機会にも繋がりますので、まずは自身から考えを伝える必要があります。

3　上司・先輩には敬意を表す

よく聞く話ですが、体育会系の人は、上下関係を教えられ、大切にするので、周囲からのバックアップが得やすいようです。これは、先輩に対する敬意を怠らないからで、キャリアを積んでも、基本的には継続されます。

立場が変わって、自身が後輩から敬意の対象になっているのか、どんな場面に後輩は敬意を抱くのか、これはそんなに難しくありません。苦しい時に、苦しい場面で、さり気なく手を貸してくれる人、恩着せがましく言わない人、自分よりも周囲を優先する人、いやな仕事を買って出る人、有言実行できる人。まだまだありますが、敬意の対象となる人が、結果的に人心を掌握でき、マネジメントに向いていることは間違いありませんので、上司・先輩に敬意を表すことは接遇であり、結果的に自身への敬意に繋がると考えられます。

4　上司から部下へ取りに行く

上司から意見を求められて、上司へ考えを伝える場合と、自ら進んで伝える場合では、当然違いがあります。私は、今ここの部分を反省しています。なぜ、部下や後輩に、上司、先輩として多くの意見を求めなかったのか、仕事に対して自信過剰だったのかも知れません。

上司と部下の関係は、フィフティフィフティにはなりませんが、常にそれを意識している言動が必要になります。それが部下や後輩から意見が言いやすいか、どうかになり、ここが接遇に繋がります。「何でも言ってくれ」で部下や後輩が言ってくれるのか、その前に、その関係ができているのか、その見極めが必要です。関係ができていない状態で意見を求めても本心が聞けるのか疑問です。場合によっては、逆効果になることが考えられます。

5　相談し易い関係を築く

悩みの相談をすることがどのくらいあるのか、或いは受けることがどのくらいあるのか。私の経験では、二十代の時の悩みの相談は、まず先輩、次いで上司でした。三十代になってからは、仕事のこと以外に相談するようなことがありませんでしたが、その代わり受ける相談は色々ありました。

上司として受ける場合は、家庭のトラブルから仕事の悩み（先輩後輩の人間関係含む）まで、多彩でした。先輩として受ける場合は、上司との人間関係が多くありました。

私が受けた相手は、八割が男性からでしたが、上司として受けた場合は、人事異動や退職も視野に入れながら、本人にとって最善と思われるアドバイスを行いました。私を苦手とする部下には、異動も考え、本人の考えによっては、将来のことを考え、引き留めないこともありました。

問題は、先輩として受けた場合で、基本的に他言しないことが前提で話を聞きましたが、内容によっては、上司に相談していましたし、上司に相談するようにアドバイスもしました。

相談する相手が、誰でもいいとは思いませんので、相談しやすい相手を見付けておくことは必要だと思います。相談される対象であることも大切で、これが接遇に結びつきます。

相談内容に人間関係が多いのは、どこの職場でも同じように思いますが、私の結論は、一貫していまして、相手の見方を変えるように、見方が変えられるようにアドバイスしています。それでも難しい人には、一生その人と仕事をすることはないので「暫くの我慢」と伝えていました。時代が変わり、相談内容も変わっているかも知れませんが、人間関係だけは、普遍的な問題で相談の上位に来ると思います。

その中で特殊な例ですが、以前の職場で、部下が全員、独身の女性で、二十名位いました。女性の悩みは、女性が聞く方がベストな場合が多いので、キャリアのある二名をリーダーに指名して、まずその人に相談するようにアドバイスしました。その上で相談を受けたリーダーの話を先ず聞いて、その次に本人の話を聞いてアドバイスをしていました。それにより、リーダーも成長し、良い答えが出せたのではないかと思っています。

Ⅱ 部下・後輩へ

6　単純作業でもマネジメントする

単純作業の場合は、殆どが指示のしっ放し、やり方の教えっ放しで終始している場合が多いようですが、部下や後輩が効率的に、正確に作業するには、どうすればできるのか、本人が聞けば良いのですが、単純が故に聞けないのが実情の様です。上司や先輩は、ここのマネジメントが大切です。

ここで言うマネジメントとは、効率、効果、正確の要素を引き出すために従事者（部下・後輩）の能力を最大限に発揮できるように指示者（上司・先輩）が全ての環境に目を向けて、一緒に準備、改善することを指します。当然ですが、従事者の能力には差がありますので、教え方を含めて相手の立場への配慮が接遇になります。

市役所で臨時職員をしていた時に、単純作業のＰＣ入力を多く出来る人と、出来ない人がいて、多く出来る人にやり方を聞いた記憶があります。本来は職員の方が、効率的なやり方を指示することが良いのですが、そこまでマネジメントに手が回っていませんでした。

単純作業は、アルバイトやパート従業員にやらせることが多いと思われますが、このやり方を確り指示しておくことが重要で、同じ時給で働いていても人によって生産性の違いがあることを確り見ていないと、多く出来る方の気持ちが上がりません。官公庁と民間企業の違いなのかも知れませんが、多く出来る方への配慮が必要だと思いました。

7　上司・先輩から学ぶ気持ちで接する

どんな場面で上司や先輩と、一緒に外出したり、会議に出たりするか分かりませんが、上司や先輩の全てが良いと思えないこともあると思われます。簡単に言えば、良いところは真似て、そうでもないと思われることは自身がしない。殆どの方は、同じ対応だと思いますが、大切なのは、どんな場面でも学ぶ気持ちを持っているか否かになります。批評批判するのは簡単ですが、言葉に出すか出さないか、上司、先輩の長いキャリアの中から良いところを見付けることが重要だと思います。

誰にでも自身にも長所があり、短所もあるでしょう。部下や後輩から見えることが、上司に見えないこともありますので、まずは良いところを見つけて、学ぶ気持ちの向上心が接遇になります。

8　質問には手帳・ノートを活用する

1番では主に上司としての手帳（ノート）の活用をお伝えしましたが、ここでは部下・後輩が、上司・先輩に対して何かの質問をするときに、メモではなくて、手帳か、ノートを見せながらすることをお伝えします。

質問が前回聞いたことに関連していれば、その説明を含めて質問しますので、上司にとっても手帳・ノートを活用する方が、分かりやすい質問の仕方になります。上司は、いろいろな人から質問を受けていることが想定されますので、以前に聞いたことの関連を思い出してもらうためにも、具体的なものが必要になります。

相手の表情を見ながら質問の仕方を変えて、仮に答えが朝令暮改であっても、そこを追及するのではなく、新たな答えに対応をすることが接遇になります。

9　本を読む習慣を続ける

本を読む習慣がなぜ必要かと言うと、仕事上では、活字を読んで、理解して、それに的確な答えをする場面が、職位が上がるに連れて多くなってくるからです。部下が出してくる書類も添削して、「こうした方が、表現が的確になる」などのアドバイスが必要になって来ます。

また、知識の広がりを自分で見つけていくには、本を読むのが一番適していると思います。本の内容を確り理解して、知識を増やし、次の行動に活かして行く。そのために一冊一冊確実に読んで自身を変えていくことが周囲（仕事上や家族）に対する接遇になります。

今は、ビジネス書は読みませんが、文庫本を中心に、話題の本からドラマの原作まで本屋で選ぶのも好きで、色々な小説を読んでいます。習慣になっていますので、これからも色々な本を読んでいきたいと思っています。

10　マネジメントを真似る

仕事は、独自性が良い場合と、人の良いところを積極的に真似ることでレベルが上がる場合があります。担当者のレベルですと、作業の速さの工夫や、精度を高める工夫が真似る対象になりますが、上司・先輩に必要なのは、マネジメントで、その良いところを真似る必要があります。マネジメントは、周囲の方に手伝ってもらって（指示して）仕事を効果的に、効率的に進めることを言います。

組織では、普通、マネジメントの対象者が部下になりますが、プロジェクトやタスクで仕事を横断的に進める場合は、他部署にも及びます。この場合は、マネジメントの対象者には、常に仕事を依頼し続けます、つまり、自身も業務をしながら対象者の業務も同時進行させ、内容の進捗と、時間の管理を行います。そのスキルを先輩、上司から真似て、自身のものにします。

仕事は、最初から最後まで一人で行うことが少なく、多くの人と連携して行うことが多いはずです。これが、上位職になれば更にこの状態が普通になりますので、マネジメントのやり方次第で、内容も量も大きな違いが生じます。

部下や後輩にマネジメントのコツを伝え向上させ、上司、先輩と同様のマネジメントができるようになれば、組織の生産性は格段に変わります。つまり、マネジメントされる側にマネジメント技術を伝えれば、細かい指示や管理は不要になり、報連相の中の報告、連絡の時間が省け、接遇に繋がります。

自身の周りで、マネジメントの目標にできる方を見つけて、全部でなくても一部でも良いところを真似るように出来れば、自然に自身の柔軟性もレベルアップすることに繋がります。

11　全体のレベルアップを図る

組織の強化には、目的・目標を明確にして、達成には何をすることが必要か、実務を細分化する必要があります。また、あるべき姿に足りている人と、足りていない人を把握しつつ、求められるレベルを明確にして、そのレベルに対してどんな状態かをみんなで共有することが最初の段階です。その上で、自己採点と、他人採点を行えば、あるべき姿に対しての可不足が個別に明らかになります。そこから不足している人へ、可の人のノウハウが共有されると、全体のレベルが向上して組織強化へ繋がります。個人の不足している項目を明らかにするのには、抵抗があると思いますが、全体のレベルアップには欠かすことが出来ないことで、これが次の段階になります。

組織的にレベルアップを図るには、不足している項目を補うことを個人任せにしないで、補われるまで組織が進捗を見ていく必要があります。ここを曖昧にすると、掛け声だけのレベルアップに成りかねません。

具体的な現象としては、お客様と直に接することが業務となる部署は、求められることが同じでも、応対の仕方次第で、感謝されたり、クレームになったりと、結果が変わります。同じお客様でも、経験が豊富な方が応対した場合と、他の方の場合では、結果に違い生じます。

簡単に言うと、「良かったのか」「悪かったのか」「どっちでもなかったのか」を組織として、はっきりさせることが必要になりますが、組織としては、「良かった」の評価が欲しいはずです。であれば「良かった」の共有を組織的に優先する必要がありま す。しかし、現実的には「悪かった」の件数や原因探しに目が行き、「良かった」の共有を後回しにしがちです。

また引き上げたレベルの維持を組織的に行うためには、ボトムアップとの同時進行が必要で、それにより飛躍的に応対が良くなり、且つ継続される接遇に結びつきます。

12　都合の良い先生になる

自身でも先生が必要だと思う時がありますが、それより部下・後輩に都合の良い先生になってあげているか、優先順位は、こちらが重要です。

そのために何が必要になるか。話しやすい雰囲気や、気軽な声掛けをすることは、是非やっておきたい事になります。そして、この状態ができると、自身にも自然に先生が現れてきます。

理由は、普通の上司は、部下の悩みを知り、出来るだけ解決できるようにしてあげたいと思っているからで、その先生役を部下がやっているのを見れば、その部下から情報（部下の悩み）を知りたいと思いますので、自身の先生が見つかり易くなります。

都合の良い先生役は、接遇の基本ですから大切になります。

13　ミスの原因を考える

ミスをした後輩を見かけたらどう対応していますか。私は、本人の反省度合いを観察して、フォローするか、もう少し放っておくかを見ますが、お客様に関係している場合は、即刻やり方を教えて、改善することにしていました。

ヒューマンエラーなら次に注意力を高めることで済みますが、仕組みが要因の場合は、時間が掛かりますので、短期対策で、現状の改善を行い、長期対策で原因（仕組み）の改善を行います。この過程を踏まえておかないと、モグラ叩きが続くことになります。

余談ですが、山本五十六氏の名言が好きで、よく引き合いに出します。「やって見せ、言って聞かせて、させてみて、褒めてやらねば、人は動かじ」の言葉ですが、今でもマネジメントの基本であり、日本人の資質をよく表していると思っています。

ミスがヒューマンエラーではなく、本人に起因する場合は、組織としてやり方を教え、もう一度状態を見ることになります。

山本氏の名言は、接遇そのもので、単に教える、単に褒めるではなく、教える側の自戒の念を込めた、行動指針だと考えられます。

Ⅲ　同僚へ

14　早く出勤することで職場のリーダーになる

職場のリーダーとは、職位を指すのではなく、気配り心配りができる人であり、分かりやすい行動が出来る人を言います。具体的には、出勤時間が早い人がリーダーに向いていると言えます。

就業時間のどの位前に出勤することが早い出勤なのかは、職場の事情がそれぞれあると思いますが、少なくとも上司より早く出勤する。この拘りを持つことは、その職場のリーダーとして上司、後輩への無言のアピールになるばかりか、接遇の範を示すことにも繋がります。

自身が上司として部下を持つようになった際には、コツコツと努力する部下を見極める要素となりますので、毎日の出勤時間への拘りは、リーダーになるための大切な要件と考えます。

15　早く行動を起こすことで期待を上回る

相手（上司・同僚・後輩）の期待を上回ること、その姿勢こそ、その気持ちこそが、接遇＝おもてなしの原理です。周囲から何かを依頼された場合に、期限が決まっていなくても出来る限り早く対応する。それだけで期待を上回ったことになります。

些細な業務の中にも接遇の場面はあります。以前の事ですが、失念して期日を過ぎてしまった書類の提出の際に、提出時に自宅にあった和菓子を二個添えて提出しました。つまり期日を過ぎたお詫びをお菓子に託した訳ですが、提出物を収集（集計）する側の苦労や面倒は十分わかっていましたので、お詫びに心を込めました。翌日、責任者からお礼を言われましたが、その際もまた、お詫びしました。小さなことですが、早く行動を起こすことを心掛けていた私にとっては、不注意だったのです。

相手があることであれば、相手にとってどうあれば都合のいいことなのか、その一つが、早く行動を起こすことになります。

16　日頃のコミュニケーションから意図を読み取る

上司から仕事を依頼されて、「何のために」と疑問が生じたことは、殆どありません。ある程度の仕事の広がり（業務担当範囲を超える）は、常に頭に描き、上司とのコミュニケーションを取っていました。

担当や係のテリトリー意識が強い場合は、横の連携が取り難いようですが、お客様にとってどうあるべきか、それを優先します。そのために最善、最短、最小（最大）の方法に汗をかくことが重要だと考えます。正論であっても、愚直にここを諦めずに言い、やり続ける姿勢が相手に伝わり広がっていきます。

業務担当範囲を常に意識していることは、当たり前ではありますが、その範囲を超えてお客様にとってどうあるべきかの言動の積み重ねが、最終的に組織文化としての接遇になります。

＊〈職場でのコミュニケーション〉

コミュニケーションは、職場で自身が接する全ての人が対象と考えられますが、対象者によって接し方が変わるのは言うまでもありません。その中でも職場の同僚や上司とのコミュニケーションの仕方次第で、仕事の成果が大きく変わることが出て来ます。この仕事の成果に結びつくコミュニケーションのあり方をお伝えします。

1　職場でのコミュニケーション向上の連鎖効果
2　職場でのコミュニケーションを阻害する主な理由
3　職場のコミュニケーションの改善法・進め方
4　職場のコミュニケーションを活性化するために重要なこと

1　職場でのコミュニケーション向上の連鎖効果

最初に、コミュニケーションが向上するとどんな効果が得られるのか、良い状態と良くないと思われる状態を同時進行させることは出来ないので、今より良くなるとどんな効果が得られるか、ここを連鎖効果として考えてみたいと思います。

（1）職場でのコミュニケーションが向上すると、エンゲージメント（個人と組織が一体となり、双方の成長に貢献しあう関係）の向上に役立つ。
（2）エンゲージメントが向上すると、会社との一体感、風通しの良い職場環境が生まれる。
（3）風通しの良い職場環境下では、安心して業務に取り組むことができる。
（4）安心して業務に取り組めると自然にミスが減り、業務の効率化や生産性向上に繋がる。
（5）業務効率が上がると、新たに部署間での連携が生まれ、イノベーションに発展する。
（6）イノベーションは、革新的な取組みを生み、モチベーションの向上や働き甲斐に繋がる。
（7）働き甲斐のある職場は、会社と従業員、従業員同士での信頼関係が構築できる。
（8）職場の信頼関係が構築されると、従業員は会社のビジョンを意識し共感する。
（9）従業員のビジョンの共感は、具体的な会社への貢献へ繋がる。

（10）会社への貢献は、目標達成や成果の最大化が生まれ、業績の向上へ結びつく。
※職場でのコミュニケーションが向上すると、業績の向上へ結びつく。

2 職場でのコミュニケーションを阻害する主な理由

職場のコミュニケーションを阻害する理由は多岐に渡りますが、大別すると二つに分類できます。

（1）会社や経営層の考え方が現場に浸透していない（会社と従業員の関係）

会社が考えているビジョンが示され、それに共感していれば、コミュニケーションの機会が少ない場合でもその少ないコミュニケーションの中で質の高いやりとりができ、お互いに齟齬がなく業務をすすめることが可能になります。

経営層が現場の従業員に経営理念やビジョンをどのくらい発信していて、どのくらい伝わっているのかを見直してみることが重要です。トップが職場でのコミュニケーションを活性化したいと思っていても、現場の上司がその重要性を認識していなければ現場は変わりません。ビジョンや経営理念などの概念のようなものもそうですが、どういった会社（部署）が、どんな事業（業務）をやっていて、どんな製品（結果）を扱っているのか（残しているのか）、そのような会社の様々な情報が得られていることがベースにあると、コミュニケーションがとりやすくなると考えられます。

（2）従業員のことを知らない（従業員同士の関係）

他部署のこと、自分の部署のことなど、会社で働く従業員のことをよく知らない場合、コミュニケーションをとる際のハードルは高くなります。自部署のメンバーはどんな人で、どんな役割を持っており、どのような働き方（価値観）があるのかなどが明らかになっていることで、相手のことを全く知らない状態よりも、コミュニケーションがとりやすくなると考えられます。

拠点が多く、物理的に接点を持ちづらかったり、縦割りの組織で部署間での接点がなかなか無い場合でも、まずはお互いを知るということがベースにあれば、関係を深めることが可能になります。

3 職場のコミュニケーションの改善法・進め方

（1）職場のどこにコミュニケーションの課題があるかを把握する

①会社や経営トップ、または上司とのタテのコミュニケーションに課題

②同じ部署内や同僚とのヨコのコミュニケーションに課題

③部署や拠点を超えたナナメのコミュニケーションに課題

課題を把握するには、アンケートや各階層への聞取り調査などを行い、具体的なデータとして把握することが重要です。

（2）課題に合わせた改善策を取り入れる

①タテのコミュニケーション課題の改善策

上司と部下が三十分程度で行う直の面談ですが、直属の上司以外の、他部署の上司（部長や役員）が行う方法もあります。また、新入社員一人ひとりに先輩社員が指導役として、仕事の進め方や仕事に対する考え方を指導したり、社会生活の不安や心配事を聞き、アドバイスを行う対策もあります。何れも一過性でなく、制度として運用する必要があります。

②ヨコのコミュニケーション課題の改善策

仲間のすばらしい行為を称え合う表彰制度や、従業員同士で称賛する文化の醸成（サンクスカードなど）が、行動指針の浸透に役立ち、改善対策になります。

また、部署内に新入社員が配属された際などに、一緒にランチに行く制度や、部署内、他部署とのランチを補助する制度も有効な対策になります。

③ナナメのコミュニケーション課題の改善策

歓送迎会や、暑気払い、忘新年会などの飲みニケーションの他に、社内公認の趣味の会、社内運動会など、普段なかなか話す切掛けがない人との交流から、社内での一体感が生まれます。このナナメの関係こそが、タテ、ヨコの関係を補完し、より良好なコミュニケーションに役立ちます。

4　職場のコミュニケーションを活性化するために重要なこと

エンゲージメント経営の考え方では、「会社と従業員」および「従業員同士」の相互信頼関係の確立を最も重要視しています。そもそものコミュニケーションを円滑にするために、信頼関係を築き上げていく必要があります。そのためには、会社からの情報開示や、上司の傾聴、部署を超えた従業員同士の交流の場を用意することなど、様々な人が双方向のコミュニケーションを取る切掛けづくりが大切になります。

強い信頼関係で結ばれた組織は、コミュニケーションが円滑になりエンゲージメントが向上します。エンゲージメントが高い企業は、低い企業に比べて営業利益率や純利益率が高く、エンゲージメントと業績には相関関係があることが証明されていますので、コミュニケーション活性化の施策は、その先のエンゲージメント向上を意識して行うことが重要になります。

（1）ビジョンへの共感

ビジョンへの共感は、エンゲージメントを高める上で根幹となる欠かせない要素です。ビジョンとは、企業が進むべき方向性を示すものです。ビジョンへの共感を得られていなければ、従業員が勝手な方向に進んだり、何のために仕事をするのか不明瞭になったり、目的意識が薄くなってしまいます。

ビジョンへの共感を促すには、定期的に従業員に対して情報（事例としての行動）を発信し続ける取り組みが必要です。その結果、従業員とビジョンの共有が進み、企業文化を醸成していくことになります。

（2）やりがいの創出

エンゲージメントを高めるには、仕事のやりがいを創出する仕組み作りも重要なポイントになります。社内イベントや表彰制度を運用したり、報酬アップを図ったりすることは、直接的で短期的なやりがいを従業員に感じさせます。

しかしながら、イベントや報酬の改善だけでは、一時的な効果で終わる可能性もあります。長期的な視点で従業員にやりがいを感じてもらうには、それぞれの得意領域や意向を見極め、それぞれの「持ち味」を職場で活用する取り組みが重要です。

例えば、能力や経験値に応じた「適材適所」の推進や、挑戦する機会を与える社内フリーエージェント制などが挙げられます。このほか、企業への貢献を適切に評価する人事制度の導入、権限委譲による若手のやりがいの創出といった施策も有効な方法です。

（3）働きやすい環境づくり

組織へのコミットメントに大きく影響するのが、働きやすい環境です。仕事への意欲を継続するには、心身ともに健やかな状態を保つ必要があります。心の面では、社内のコミュニケーションが活発化するほど、組織への愛着心が生まれやすくなります。体の面では、「健康経営」「ワーク・ライフ・バランスの向上」が、エンゲージメントにおいても重要になります。

(4) 成長支援

職務への満足度を高め、「ワーク・エンゲージメント（仕事に対する熱意）」を生み出すには、それぞれの従業員が成長を実感できる仕組み作りに取り組む必要があります。スキルアップやキャリア形成に役立つ研修を実施するなど、それぞれの成長を支援します。

また、エンゲージメントの高い組織作りでは、上司のコミュニケーション力も重要です。マネジメント力やリーダーシップの強化は、組織のコミュニケーションを円滑にし、エンゲージメントの高い組織作りに役立ちます。

17　有効な会議には主催者の役割が重要になる

会議には、主催者（中間管理職）の上に、組織の責任者がいます。従って、主催者は、その組織の責任者への報告を前提に、会議の方向や討議内容、場合によっては、決定事項（着地点）を描く必要があります。

こんな言い方をすると会議をやる意味がないように受け取られますが、そうではありません。上からのトップダウンで物事を進めるより、ボトムアップで決めて進める方が、時間は掛かりますが、結果的に上手く行くのです。つまり決定された事に従うのではなく、みんなで討議して、決定して実行する。この現場を巻き込むプロセスが接遇であり重要なのです。

キャリアのある上司はこのプロセスに拘ります。ただし、忘れてはならないのが、会議主催者の上にいる組織の責任者の意向です。議題の大きさで、主催者が違っても、その決定事項の責任は、誰が負うのか、細かいところは、現場のボトムアップで決めても、方向性や決定事項の着地点は、トップダウン（責任者の考え）が反映されている事が重要になります。そのバランスを取れない人が、会議を主催しても決定できなかったり、実行できなかったり、結果的に時間の無駄になります。

有効な会議は、決定して、最終的にそこから大きな変化を生む実行が伴います。それがない会議は、一般的にミーティングと呼びます。会議として始めたものの、ミーティングで終わることも多々ありますが、それは、主催者の準備不足によるもので、勤務時間にみんなを招集してやる意味があったのか、出席者に疑問を抱かせることに繋がります。有効な会議は、決定され、そこから派生する行動が伴いますので、会議出席者と組織の責任者を乖離させない主催者の役割が重要になります。

18　実績分析の精度を上げて、ムリ・ムダ・ムラを改善する

予測精度を上げることは、目標を立てたり、計画を立てたりする上で、重要なことです。それにより、携わる人のムリ・ムダ・ムラが改善できます。そのためには、実績分析の精度を上げる必要がありますが、人的に対応する仕事は、実績分析の中の結果の数値だけではなく、その時それに携わった人のスキルや年齢、性別も含み分析します。

つまり、単純作業であれば、出来高の平均値を割り出して、携わる人がそれを超えるのか否か、複雑な作業であれば、手順の確認と、経験値を記録します。それにより次回の予測精度も上がります。

毎回同じ人が分析を行っているのか否かも記録して、客観性を踏まえた分析を行えれば、分析の精度が更に向上します。それにより携わる人の負担が均等化できたり軽減でき、結果的に接遇に繋がります。

19　議事録の作成を進んで引き受ける

私は、以前の仕事で議事録をまとめる業務を長く経験しました。自身も実際に行いましたが、私がやっていたことは、議事録の添削です。部下がＡ４に十ページ位の議事録を二日掛けて作成して提出してきますので、誤字脱字、文章の表現等を添削し、修正して私の上司に提出していました。議事録は、レコーダーではないので、全ての発言を文章にする必要がありません。要約したり、重要性が低いと判断したところは、削除することもあります。

最初のうちは、添削に半日掛かっていましたが、作成者に要点を細かく伝えて、私の作成するレベルに達すれば、添削が大体一時間位になります。元々、Ａ４、十ページを全て理解しながら読むとその位掛かりますので、議事録とその添削では、やり方を相当勉強しました。

上司とのコミュニケーション、出席者との議事録確認、添削手法等、学ぶところが結構ありますが、時間と労力の割には、あまり注目されていないことも事実です。しかし、会議の中には、議事録を法規や規則の関係で必要な記録として残す場合が多く、明確な担当が無ければ誰かが引き受けて会議を進める必要があります。会議主導者が後で読み返せば、時間と労力の証になり、作成者の名前と共に、議事録が残りますので、確りしたレベルのものにするとの考えがあれば、周囲にも通じて、やりがいを感じるようになります。

議事録を誰が取るのかルール化されていなければ、指名されて引き受けるか、手を上げて引き受けるかになります。会議主導者は、議事録作成が負担になることが分かっていますので、進んで引き受けることが接遇になり、周囲とのコミュニケーション向上に役立ちます。

20　会議の着地点を共有する

出席者の多い会議では、意見の調整が不可欠です。意見の対立するような会議は、そんなに多くありませんが、似たり寄ったりの意見を集めて、結論（決定）を導き出す際によく使うフレーズが、「○○さんと同様ですが、私もこう考えます」という表現です。前の人の意見に賛同しつつの自身の発言ですが、これにより、意見が集約されて、まとめられて行きます。

ですから最初に意見を言う人が、重要になります。その後の会議の方向性を左右する可能性がありますので、意見が同様な方が予め分かっていれば、調整しておくと会議が円滑に進行します。

発言する側も進行する側も、出席者は、有意義な会議にしたいと考えていますので、会議の冒頭に、主催者が出席者に対して着地点を共有することで会議の目的が明確になります。また出席者の意識もそこに向かい、効率的な会議にすることも可能となり、接遇に結びつきます。

定期的に行われている会議の場合は、ほぼ議題が決まっていることが多いと思います。定例議題の他に、討議議題がある際にこの議題に対して、着地点を共有することも必要です。会議を効率的に行うには、着地点の共有が不可欠と考えられます。

21　重要な打ち合わせにはアポを入れる

忙しい時に、伝えるべきことを片手間に、何かのついでに話すのは、大人の正式な対応ではありません。十分、二十分等の時間をいただき、確り伝えることが重要です。内容を整理して、重要度の認識を上司と摺り合わせておく必要もあります。

その上で、相手に時間を取っていただくアポを入れることになります。以前の会社で、トイレで隣り合わせて用を足している際に、重要と思われる内容の意見を求められたことがありました。非常識であったので、その際に、「ここで話す様な事でもないので、必要があれば席に来てくれますか」と言ったことがあります。その後、その人からアポの連絡がありませんでしたので、本人にとっては、大した案件ではなかったのだと思いました。重要度の判断は、人によって違いがありますが、相手の立場になる気持ちがあれば、アポを入れた方が大人の対応になり、それが接遇になります。

22　挨拶は笑顔でハッキリと気持ちを伝える

朝の挨拶は、習慣です、最初は子供の頃に親から教わります。以前の会社で、四年間毎年、新入社員を受け入れていまして、その際に感じたことは、何も知らない新人が朝から笑顔で同僚に挨拶ができる場合は、家庭の躾か、アルバイトに接客業をしていたかのどちらかでした。出来ない人に強要はしませんでしたが、私は笑顔で元気な明るい挨拶を心がけていましたので、連鎖しないかと期待はしました。

上司になってからは、朝の挨拶の他に、朝礼時の第一声「おはようございます」の挨拶は、特に気をつけてしていました。昼の挨拶は、すれ違い時の会釈は必須ですが、同僚や後輩には、体育会系の挨拶の声「チワッス！」を発していました。帰りの挨拶は、誰に対しても「お先に失礼します」の声かけをしていましたので、挨拶には自信があります。

接客業界では、以前から言われていることですが、同僚間で、確り挨拶が出来ない人は、お客様にも笑顔でできないと言われています。

職場の挨拶を気持ち良くするためには、最初が肝心です。リーダー的に挨拶で引っぱると、周囲が気付いて、出来るようになることも多々あります。挨拶は、接遇そのものです。特に朝の挨拶は、その雰囲気を一日引きずって行きますから疎かにできないと考えています。

＊〈挨拶の5段階〉

1　相手が挨拶をしたら会釈の挨拶ができる
2　相手が挨拶をしたら同じ挨拶ができる
3　自ら会釈の挨拶ができる
4　自ら声を出して挨拶ができる
5　自ら声を出して笑顔で挨拶ができる

挨拶はコミュニケーションへの第一歩になります。挨拶をしない人はいないと思われますが、どのレベルの挨拶が出来ているかで、次のコミュニケーションは変わります。人は挨拶をすることで、コミュニケーションへ繋げようとしますので、もしも挨拶が確りできていない人が周りにいれば、それだけで、その場はギクシャクし、コミュニケーションが損なわれた状態になります。

上司、部下のいる組織だとすれば、挨拶の率先垂範をするのは上司の役目になり、部下がそれを真似、継続することで習慣になり、組織の文化になります。組織で挨拶が文化になっていない原因のほとんどは、上司の率先垂範の有無がカギになります。

1　相手が挨拶をしたら会釈の挨拶ができる

このタイプは、相手がどんな挨拶をしても自分のスタイルを変えませんので、コミュニケーション力は上がりません。場合によっては悪い印象を与えます。

2　相手が挨拶をしたら同じ挨拶ができる

このタイプは、相手の様子を窺いながら挨拶をしますが、いい言い方をすれば、相手に合わせるコミュニケーションは出来る人だと考えられます。

3　自ら会釈の挨拶ができる

このタイプは、積極的ではありませんが、自ら挨拶しますので、コミュニケーションの切掛けが作れます。

4　自ら声を出して挨拶できる

このタイプは、声を発して自ら挨拶をしますので、存在感があり、コミュニケーションがし易い雰囲気が作れます。

5　自ら声を出して笑顔で挨拶ができる

このタイプは、挨拶によって相手に明るい印象を与え、積極的なコミュニケーションが出来るようになります。

職場の挨拶

儀礼的であっても職場のコミュニケーションを円滑にしていくためには、挨拶が不可欠になります。挨拶のレベルを上げることと、コミュニケーション向上は比例しますので、部下が上司にする儀礼的な挨拶より、上司が部下へ行うレベル5の積極的な挨拶が、職場のコミュニケーション向上にはより重要になります。

職場の雰囲気は、挨拶が左右します。そして、その挨拶のレベルは上司が基準になります。上司の方は、自らコミュニケーションを円滑にするために、挨拶の範を示す必要があります。

23　定時退社のために一言伝える

昨今の働き方改革や残業抑制の機運から定時退社が当たり前になりつつありますが、心置きなく定時に退社するためには、いくつかの工夫が必要になります。

例えば、部下や後輩がいる人は、業務の進行で、手伝える内容があるかどうか、十五時位には一旦確認しておく必要があります。自分だけ帰る場合は、「お先に失礼します」ですが、全体を監督する立場になれば、その配慮「何か手伝えることがあれば」の気遣いの一言が必要です。

また、後輩や部下の立場であれば、十五時位には今日の業務進行を報告しながら、急ぎの仕事が無ければ時間に帰る旨を伝え、急ぎの仕事があれば応援を要請する意思表示をする必要があります。聞かれて答えるのではなく、自分の仕事の管理上、業務速度や仕事の相手との兼ね合いから、進捗の報告を準備しておくことになります。

自身で抱えていいのか、部署として期限や精度の面から手伝いが必要なのか、見極めを上司に相談することも、業務管理面から重要になります。定時退社と計画的な業務進捗を行う上で、その一言が結果的に周囲への接遇に繋がります。

24　フェイスｔｏフェイスで根回しする

組織内の仕事の依頼は、メールで予告しながら相手の席に出向いて、一対一で話をするのが基本です。係、担当をまたぐ場合は、責任者に根回しして話を通し、担当へ根回しします。面倒でもこの段取りが、後々役立ちます。根回しするような問題が発生しているのですから、問題意識の共有を上司にも持っていただくことが、後々の根本解決に繋がります。

簡単に言えば、応急処置を根回しで行い、根本治療につなげます。そのために、どこに根回しを行うことが必要になるのかを考えることになります。面倒だと思わずに、席に出向いて根回しする。この根回しが、接遇であり、自身の評価に繋がってくることもあります。

25　自身に合った提出資料の添削方法を考える

例えば、上司に提案書を提出する場合は、添削をお願いする同僚がいれば良いのですが、難しければ書き終えた翌日に、最初から読み返して誤字脱字の他に、表現等も問題ないことを確認して提出します。自身で添削する場合は、書き終えてから時間をおいて、文章の感覚をリセットしてから確認します。

この手間を惜しむと、提出先の上司が、何かあればそれに気付き、返されたり、指導を受けることになります。これは、注意していれば防ぐことが可能で、お互いに忙しい時間を効率よく出来ないことへのストレスが発生します。ですから提出前の添削方法を、自身が職場環境に合わせて、準備しておくことが接遇に繋がります。

26 個人から組織へ応対を依頼する

組織で請けている仕事は、個人が応対していてもお客様側から見れば、そう見えない場合が多々あります。つまり、お客様が求めているのは、組織が提供しているサービス（応対）で、個人が応対していても、組織としての応対に期待し、そのサービスの内容が良ければ納得されます。

問題は、個人で応対が出来なくなった場合の組織応対への切り替えるタイミングです。この機会を逃すと、お客様の満足が得られなくなるか、場合によってはクレームになることもあります。

組織全体の個人応対レベルが常に一定以上であれば、問題発生は防げますが、それが難しい場合に、組織応対が必要になります。切り替えのタイミングを個人応対者がその都度判断している場合は、個人が抱え込んだり、負荷が掛かり、結果的に応対レベルが落ちる現象が見られます。その場合には、客観的な判断が必要で、組織応対への依頼を早め、お客様に応対している個人へは、最大限のバックアップを行います。

本来は依頼が無くても、常に応対できる状態でいることが、組織的な接遇になりますが、そのためには、状態を判断する、マネジメントする担当が必要になります。

また、組織としての接遇向上には手順があり、その手順に沿って行うことで、継続性のある接遇が可能になります。

＊〈**組織としての接遇向上の手順**〉

1　組織内の全ての承認を得る。
2　タスクチームに計画と実施を委ねる。
3　接遇目標（あるべき姿）を決める。
4　運営指針と接遇目標の整合性（紐づけ）を行う。
5　接遇の自己評価を継続して実施する。
6　組織内に進捗を共有する。
7　接遇マニュアルを作成する。

8　勤務評価に加える。
9　定期的な外部機関の顧客評価を得る。
10　従事者の意識調査を実施する。

1　組織内の全ての承認を得る

組織責任者から従事するスタッフまで、実施にあたり、承認と協力を得ます。特に組織責任者の気概、姿勢、言動が開始への必須要件になります。

2　タスクチームに計画と実施を委ねる

組織的に行うためには、トップダウンとボトムアップのバランスが必要で、一方的にならない進め方が不可欠になり、そのためには、タスクチームを組織して委ねることが必要になります。

タスクチームは計画の策定から実施、継続策まで、この工程への取り組みが組織的な接遇の骨格になり、組織文化になります。進捗の過程で、経過の報告を定期的にトップに行うことが重要で、この際に双方からの考えのすり合わせを行うことが、進め方のバランスを保つ上で大切になります。また、必要に応じてタスクの細分化や、専門的なタスクを同時に編成する臨機応変な対応も必要になります。

タスクチームのメンバー選出には、発言力、行動力、実行力、協調性等を鑑みて、老若男女の構成が条件になりますが、期間については、長期になることから定期的な入れ替えも行い、体験型のタスクチームとして、参加意識を高め、ＰＤＣＡの自己管理を課します。

3　接遇目標（あるべき姿）を決める

もっとも重要なのは、あるべき姿となる接遇目標の設定になります。この目標は、組織としての仕事のやりがいであり、存在意義にもなります。したがって十分に時間を掛けて策定し、それに対する、短期、中期、長期の目標レベルを設定することも形骸化させないために必要になります。短期六か月以内、中期一年から二年、長期三年から五年を前提に設定し、達成状態をみながら期間目標を修正して精度を上げることも大切になります。

4　運営指針と接遇目標の整合性（紐づけ）を行う

組織理念、運営方針、行動規範等の既存指針と整合性を取ることで、接遇目標に対する目的意識を明確にします。目標を形骸化させない、絶えず意識するために重要な手順で、将来的には勤務評価と結びつけることで、継続性と、必要性を担保し、強化することもでき、組織営業戦略に組み込むことが可能になります（組織の強みにする）。

5　接遇の自己評価を継続して実施する

評価方法、評価基準、評価者のレベルを合わせて、自己評価をします。将来的には顧客評価との違いを客観的に把握することで、自発的なレベルアップと、接遇リーダーが創出されるように組織を構築します。自己評価の目線合わせを疎かにすると、ばらつきが生じ、結果的に組織的な向上は望めません。

目標を定めてもそこまでどう到達するか、必ず個人差が生じるので、上手く到達した人の手法を共有することは、その後の接遇マニュアル作成時の重要なポイントになります。

6　組織内に進捗を共有する

タスクチームから各職場へ進捗報告を定期的に行い、意見聴取も同時に行います。情報の共有は、タスクに参加していないスタッフを巻き込むために大切になります。また、伝えるための分かりやすいツールとして、進捗内容を瓦版にして掲示するなども一つの方法として有効です。

いずれにしてもタスクメンバー任せにしない、チームとしての伝達方法を考え、工夫することが重要になります。

7　接遇マニュアルを作成する

初期は、必要最小（最低限）に留めて、ポイントのマニュアルを作成し、経過と共に詳細な記載をすることになります。接遇リーダーがいれば、その人の行っている接遇がマニュアルの基礎になります。

全員が出来るマニュアルが望まれますが、一旦は八割の人が出来ることを目指して作成します。完成に時間を掛けるより、作成しながら修正して精度を上げることが実務的なマニュアルになります。

8　勤務評価に加える

運営方針との整合性を前提に、勤務評価項目に具体的に加えます。それにより組織全体の浸透と向上、維持への工夫が図られます。組織への評価が高まり結果が得られるまで、継続することが重要で、これが差別化に繋がります。接遇向上が常態化することで、運営上の戦略に位置付けすることも可能になります（接遇向上が常態化した組織：ディズニー、劇団四季）。

9　定期的な外部機関の顧客評価を得る

レベルを一層上げる過程で必要になってくるのが、客観性の担保になります。これを行うことで自己評価のマンネリ化を防ぎ、顧客目線を数値化して、時系列の進捗を把握することが可能になります。改善項目、改善効果を把握することで、次年度の課題に組み込むことも可能になり、継続が維持されます。

10　従事者の意識調査を実施する。

接遇従事者、接遇リーダー、接遇管理者、タスクチームそれぞれの意識調査を実施し、ムリムダムラの状態を把握して、効果・効率的な改善を適時行います。結果として意識の乖離が見える場合は、その対策を優先して取り組むことが、継続する上で重要になります。従事対象者の八割が支持する仕組みを目指すことが大切になります。

27　ワード文章に手書きメモを添える

今は、隣の同僚に対してもメールで伝えることが当たり前で、言った言わないを防ぐ記録としての役割に使っている場合が多いようです。仕事の正確性の面からは、有効と考えることも出来ますが、提案書などのワード文章をメールで上司に提出する際には、手書きのメモを渡すことで強調することが可能です。また、文章に上司の押印が必要な場合等には、相手に対して強調したい、お願いしたい件を書き込んだメモを添えます。

例えばワードの文章で報告する書類を作成して、手書きのメモをクリップで留め提出します。メモには、「○○様、ご検討（ご捺印）の程、よろしくお願いいたします。高城　○月○日」と記載します、ワードの事務的な印象が、少し和らぎ気持ちが入るような感じがします。

メールが必須になり、文章を手書きする機会が減り、ワードで作成されたものが、普通になってきていますので、尚更、気持ちを込める接遇に有効だと思います。

28　保管資料を取捨選択して整理整頓する

保管資料の取捨選択は、重要度の高い優先順位付けが必要ですが、日頃から行うことが出来なければ、年に一度の大掃除のように行うことで、結果的に無駄のない仕事（職場環境）に繋げることができます。私の場合は、決められた保管期間のある文章以外は、次の方に業務を引き継ぐ際に必要とするか、しないか、この視点で保管するか否かを決めていました。

データの保管も、フォルダと内容の整理整頓を保管資料同様、年に一回は行っていましたので、引き継ぎに時間は掛かりませんでした。引き継ぎに時間が掛かるのは、引き継がれる側にとって良いことではありませんので、保管資料の取捨選択が次の方への接遇になります。

29　新たな事にチャレンジする

仕事で、外語の必要がある人以外は、外語を読んだり、話せたりする人は、そうはいないと思います。最近は趣味で外語の勉強をしている話を聞きますが、自ら習得することになれば費用も掛かりますし、外語を覚えても使える環境に身を置かなければ意味がありません。ほとんどの人が、出来れば外語を話したいと思っていますが、現実的には、時間と労力、費用の面で諦めている人が多いと思います。

新たなことへのチャレンジの切掛けは、まず、新たな知識を得ることから始めます。そこから自身のスキルアップに繋げることが可能です。私事ですが、二〇一九年九月に東京渋谷で開催された「人生１００年時代ＦＯＲＵＭ２０１９」に参加してきました。歳相応の新たな情報が欲しかったのと、著名人の話を聞いてみたかったので参加しました。

チャレンジする気持ちがあれば、費用の掛からないスキルアップ方法は必ず見つけることができます。後は時間と労力を作り出す自身の努力になります。スキルアップができると、結果的に周囲に何らかの好影響を与えることができますので、それが接遇に繋がります。

30　周囲を連携させるために適正な期間設定をする

組織や、部署の大きな目的・目標は何か、ここに照らして自身の業務内容の方向が合っているのか、今の仕事につながっているか、ここが重要になります。普通は、このつながりが明確になっていますが、新たな組織や、組織変更した場合など、この調整が必要になります。

以前の職場で業務企画部と言う部署の責任者をしておりました。この部署は、営業部の支援で、営業に関わる業務改善を提案したり、営業部と他部署の制度を構築したり、修正したりするのが業務で、年間三十件位の提案をしていました。当然、採用される場合もあれば、不採用の場合もありましたが、民間企業の使命は、お客様第一は言うまでもありませんが、それと並行して営業を如何に円滑に行うか、ここが企業存続の利益を生み出す源ですから、効率や効果、厳正、遵法の考えに基づき、常に変革が求められていました。

そこで、急ぎの案件なのか、長期の案件なのか、全体を見ながら期間設定をして、課題を明確にします。そして対策のために、何を提案していくのか、何をやるべきなのか、自身の行動と、周囲を連携させる行動の整理をして、適正な期間の設定をします。周囲を連携させる期間設定は、短過ぎても、長過ぎても効果が発揮できないことがありますので、提案内容と同様に、成否が接遇に結びつきます。

31　学んだことは、形を変えて発信する

接客業は、良く「お客様に学べ」と言われていますが、その他にも研修会や、お客様アンケート等、知識を得るチャンスは、多々あります。問題は、学べた後に自身や自部署で何ができるか、アウトプットが問われます。

例えば、研修会を終えて、その後に自身の行動や、組織を巻き込む発信ができるかで、研修効果に違いが生じます。お客様アンケートの場合は、一つ一つの意見をグループ化（集約）して、優先順位を付ける必要があります。少数意見も大切ですが、大きな意見（課題）から改善すると、少数意見も改善できる場合が多々あります。

いずれにしてもその後の行動や発信が、接遇に結びつきますので、学んでからの自身の発信が大切になります。

32　自身の仕事への負荷を惜しまない

自分自身への仕事上の負荷は、その範囲も内容も人それぞれに違いがあるのは想像がつきますが、どこまで耐えられるかは、これまでに経験があれば、内容は格段に違いが生じます。一回経験してしまえば、二回目は内容が想定され、負担が軽減されますので、質量ともに改善されます。

要領よく、ほどほどに負荷を掛けることが悪い訳ではありませんが、仕事の達成感や満足感、もっと言えば組織への忠誠心、全力を尽くす気持ちの面で、仕事への負荷を惜しまないことが大切になります。

同じ道を辿ってきた先輩や上司がいれば、どこまでの負荷が負担になるか、凡そ想像ができますので、仕事への負荷を惜しまず、全力を尽くす姿勢は、どんなキャリアでも好感を持って受け入れられ、組織としての仲間への接遇に結びつきます。

33　自分を高めて行く姿勢、向上心が好感に繋がる

定年退職してから市役所勤務の前に、三か月間の職業訓練で、マイクロソフトが行う、Ｅｘｃｅｌ、Ｗｏｒｄ、ＰｏｗｅｒＰｏｉｎｔのＭＯＳ（Ｍｉｃｒｏｓｏｆｔ　Ｏｆｆｉｃｅ　Ｓｐｅｃｉａｌｉｓｔ）の資格と、秘書技能検定二級を取得しました。この資格は、再就職時にＰＣのレベルと新たな資格を記述するのに大変役立ちました。

ＰＣと秘書検の試験当日は、久しぶりにドキドキで、合格した時の喜びは、これも久しぶりの爽快感を体験しました。年齢を重ねても、自身のレベルアップは、自分磨きに必要で、自身と違う世界の人との接触や、自分を高めて行く姿勢、向上心が、結果的に、周囲からみても好感が持てる存在になり、その体験を伝えることが接遇に結びつきます。

34　定期的な情報源を確保する

職場で共通の話題になる業界専門紙があるのであれば、読んでおく方が良いと思いますが、そうでなければ将来のために、日経新聞の購読をお勧めします。日経新聞は、経済の専門新聞ではありませんが、三大紙よりも詳しく、偏りなく経済が書かれているとの主観を持っています。経済の切り口からは、次の展開の商業や政治が見えてきますので、一般のビジネスパーソンだけでなく、官庁街でもキャリアの方を中心に読まれている新聞になります。

余裕があれば、複数の新聞を読むことをお勧めしますが、時間や費用の面で難しいと思います。情報を定期的に時系列で見る環境を確保することが、早期の変化に気付くことになり、得られた情報からアクションが生まれ、これが接遇にも結び付きます。

余談ですが、我が家では、日経新聞の折り込み広告だけは、一般紙の折り込み広告に差し替えて貰っていますので、チラシから地元の情報が得られ、便利に活用できます。

35　定期的なランチミーティングを活用する

私は煙草を吸わないので、喫煙場所での情報交換が有効な現実を知りませんが、喫煙場所に代わる手段として、また、喫煙者、禁煙者の双方に有効なコミュニケーション方法になるのが、ランチミーティングです。

過去に所属していた部署の先輩、後輩と、つながりを持つことは大切で、その方法はいくつかありますが、仕事が終わって飲みに行く機会の殆どない車通勤者を例に取ると、定期ランチが有効です。「たまには、食事をしましょう」の関係で機会を作り、限られた食事時間を有効に使います。ただし、幹事のような役を誰かが引き受ける必要があります。この段取りが旨く行けば、関係のパイプを継続することができます。望まない人は、誘わなければ良いし、望む人には、必ず感謝されます。この感謝が接遇になります。

誰でも他の職場の環境や、課題、今の話題について、知りたいと考えていますが、機会が見つかりません。何故ランチが向いていていているかと言うと、時間が限られているので、深い仕事の話ではなく、仕事上の出来事やプライベートな事に話題が行くことになり、気軽に参加できるからです。気軽な関係からスタートして、必要な関係に発展できる可能性もランチミーティングにはあります。

私は以前の職場でランチミーティングの幹事をしていまして、人数分の弁当の手配もしていました。同じ時間に、同じ場所で、同じものを食べる。ここに意義を感じて、少し豪華な千円弁当をいろいろなところから手配して、喜ばれていました。

36　服装のセンスを磨き、仕事のセンスに活かす

私は、百貨店で、紳士服と婦人服に計二十年以上、ハンドバッグとカバンに四年間いました。両方ともファッション性と話題性に事欠かない業界でした。特に紳士服、婦人服のアパレル業界や、デザイナー業界には、詳しかったと思います。

その中で、服装のセンスと仕事のセンスになぜ共通性があるのか。私のようにこの業界で仕事をしていた者は、一般的に服装のセンスが良くて当たり前です。若い時からその業界の先輩に教えられ、身に着ける全てに指導を受け、センスを求められていました。そのためのお金と時間も使いました。これはこの業界にいなかった人の話で、服装のセンスが良い人のことで、仕事に共通する話です。

服装は、身に着ける自分自身の主張です。正しいか否かは別ですが、常に相手からどう見えているかの判断が働きます。自分が良ければ、他の人がどう思おうと関係がないと考える人は、個性的ではありますが、センスが良いとは言いません。この「常に

相手からどう見えているか」の気持ち、またそれを場合によっては修正する気持ち、その拘りが仕事のセンスに現れ、直結するのだと思います。

また、服装のセンスが良い人が、身だしなみで指摘されることは殆どありません。規則の身だしなみではなく、相手に不快を与えない身だしなみを意識していることが服装のセンスにも現れ、接遇に繋がって行きます。

37　表現の適性を見直す

自身の考えを伝える方法には、言葉と、文章がありますが、言葉使いや文章が上司や先輩に対して、正しく使われているのか、言っていることが正しくても表現の仕方がどうなのか、若い人ならここは一度聞いて確認する必要があります。

先輩や同僚の話し方から学ぶことも出来ますが、聞くことで表現の適性を客観的に教えて貰うことができます。また、後輩や、同僚におかしな表現を使う人がいた場合には、自分はこうしているけど、どうかと、それとなく伝えることも思いやりであり接遇になります。

知らなければそのままになる言葉使いや文章は、良い表現の真似をすれば違って聞こえますので、教え合うことも必要だと思います。私も以前に、人に説明する際に早口になり分かりにくいと言って貰えたことがありまして、以後注意するように心がけています。

38　自然に周囲と調和する

職場の中で、周囲と自身の調和が取れている人と、そうでない人の違いは、朝の挨拶で分かります、朝から誰にでも確り挨拶が出来る習慣の人は、周囲とのコミュニケーションを大切に考え、その姿勢が現れます。

理由は単純ですが、周囲と良好な関係を築きたいとの気持ちが朝の挨拶にも現れるからで、仕事はお互いの協力関係で、円滑に進むこともあれば、そうならないこともあります。また、結果は同じでも工程の充実感や、気持ちの違いを感じることもあります。周囲との調和は、結果的に仕事の成果に繋がり、自然に周囲との調和が取れると接遇に繋がります。

39　良いことは、素直に言葉にする

上司として、後輩、部下として、感情を表に出す人、出さない人がいますが、組織としては、出してもらった方が、判断がし易くなります。感動も感謝も、前向きなポジティブ感情の一つの表現ですから、はっきり伝えて意思表示をすることが接遇にも通じます。

問題は、後ろ向きなネガティブ感情ですが、人間関係としてのネガティブ感情は、抑えておいた方が無難だと思います。私の今の反省は、このネガティブ感情を結構はっきり言ってしまったことで、周囲が扱い難かった面があったと思います、若い時は失言として許されることも、年齢を重ねてからとなると、問題視される場面が出て来ますので注意が必要です。

40　叱られることを素直に受け取る

キャリアを重ねると叱られることは殆どなくなり、本人へは本音も言わない傾向が強くなると思います。ですから叱ってくれる、苦言を呈してくれる人は、貴重です。本人の気付きが大切ではありますが、客観的な見方をしてくれる人との関係の方が更に重要になります。

上司、先輩であれば、煙たがられても本人のためと思い確り叱り、本人の立場が上司や先輩になった時に、役立つようにすることが務めであり、それが接遇になります。

今は、良かれと思った指導自体がパワハラの見方がありますので、叱る方が、神経も労力も使います。叱られた部下、後輩が素直に受け取る気持ちを持っていなければ、成果に結びつくことはありませんので、受け取る側の気持ちが大切になります。

41　楽しいと思えるように幹事をする

私は、宴会から社員旅行の幹事、友人の結婚式の司会、友人の親の葬式の幹事等、規模の大小を含めて、色々な幹事を経験しました。参加者、出席者、本人から感謝されるのは言うまでもありませんが、基本的には、相手に喜んでもらうのが好きで、若い頃は、頼まれれば断りませんでしたし、積極的に引き受けてもいました。

また、後輩にもやり方を教え、幹事仲間を増やしました。社会人の人間関係は、仕事の延長線に多岐にわたりますので、幹事をやることが、一時的には負担であっても、結果的にマイナスになることはないので、後輩にも幹事の楽しさやメリット、やりがいを伝え、それが結果的に接遇と結び付くと考えています。

42　飲み会とは違う、盛り上げの宴会をする

宴会の際は、下手ですが、歌も踊りも何でもしました。着ぐるみを着たこともあります。黙って飲んでいる人に喜んでもらったり、楽しい時間にするのが好きで、盛り上げようとする司会者や幹事の気持ちがよく分かりますので、司会者から指名されれば断りませんでした。

また、後輩にも参加するように引っ張り込むのが好きで、迷惑だったと思いますが、仕事の延長の宴会ですから、一体感や協調が必要なのは、皆さんも良くお分かりのはずです。

誰かが仕掛けなければ、ただの飲み会になりますので、宴会にしなければ集う意味がありません。そんな考えで、宴会を盛り上げています。つまり、宴会は目的に応じて行い、そのために盛り上げること、自身も盛り上がることが接遇に繋がります。

43　リフレッシュすることが仕事の活力になる

リフレッシュには、家族と過ごすことや、人それぞれ色々な方法があると思いますが、目的は、気持ちと体を切り替えて、仕事の活力にすることになります。ここに時間と費用を掛けることが接遇にも繋がると考えます。

私が三十代の頃は、会社のバスケットチームに所属して、春と秋に試合にも出ていました。練習も定期的に仕事終わりにやっていましたので、汗をかくことが休息のような感じでした。この時も会社の後輩が男女二十名位いましたので、仕事の話や、プライベートな話を聞いたりするのがリフレッシュで、試合に勝つと言う共通の目標に向かって、仕事以外に真剣に取り組むのが新鮮でした。仕事の延長ではありましたが、会社の中で部署や年代を超えて、共通のスポーツや趣味に興じ、コミュニケーションが取れる機会は、そんなにありませんので貴重です。組織は縦糸と横糸で結ばれていますが、この関係は斜め糸だと思いますので、それが制度化されている会社は、組織が強靭になると考えられます。

今は、プールでウオーキングや水泳をするのと、川沿いのジョギングで汗を掻くのがリフレッシュになりますが、仲間とリフレッシュする機会が無くなったことが少し残念でもあります。

44　体育会系ビジネスマンの仕事のやり方

私は体育会系ですから、体をいじめて結果が出ると信じてやってきました。これを仕事に置き換えて、身体を使い、神経を使い、自身にプレッシャーを掛けることが、好結果につながると信じていました。ですから分単位で仕事を詰め込むことに、生き甲斐を感じていた時もあります。

こんなことは、参考にもならないかも知れませんが、体育会系が、ビジネスに取り組むと、どちらかと言えば質より量を求めて徹底的に自分を追い込みます。そのために全ての環境を整え、神経を使うことになりますので、達成できた時の爽快感は、格別でした。接遇も相手に伝わり、反応があった時の気持ちと似たところがあると思います。

45　話題作りで苦手な人を克服する

みんなが共通に苦手としている人もいますが、相性なので、合う人と、合わない人がいます。相手に対する苦手意識は、大方相手にも伝わっていますので、その改善姿勢を相手が望んでいる場合もあります。

苦手な人には、意識的に話をすることが大切で、仕事以外に話題をどうするか、私は、男性の場合は、野球、相撲、ボクシングのスポーツ系で、女性の場合は、年齢が上の人には、趣味やお稽古事、若い人には、ファッションの話を話題にしました。夫婦や家庭の話題の場合もありますが、プライベートなので相手が乗ってこないことも多々あります。

苦手な人には、話題を見付け少しずつでも克服することが接遇にもつながりますので、苦手な人がいれば共通の話題を探ったり、今の話題を試してしてみると、展開が変わる可能性があります。

46　勤務時間のペース配分を考える

勤務時間にベストを尽くすことは当たり前ですが、最初から最後まで全力を出すのは、現実的ではありません。仕事には緊張感が必要な場合と、少し緩めていい場合や、最優先で迅速に処理しなければならない仕事と、後に回して時間があるときに処理していい仕事など、優先の強弱が大体あります。

一か月もすれば、仕事の優先順位は見えてきますので、そこを前提に、一日のペースを考えます。それにより強化しなければいけない仕事や時間に、いい結果が残せるようにします。職位によってバラツキがありますが、上位職でも同じことが言えます。

このペース配分を間違えるとオーバーペースになり、長く続けることができなくなり、更には投げ出すようになります。結果的には、周囲に迷惑が及び、接遇も出来なくなりますので、当たり前ですが、自身のスキルと仕事量、ペース配分は、自己管理が必要になります。

47　同期・同年齢との距離感を考える

同期であれば、同じ価値観や、その時の会社の状態を共有することが出来ますので、職場が違っても共通点が多いと思います。ただし、誰と付き合うかは、見極めが必要です。また、同期が多い場合は、入社式以降は、研修会以外に顔を合わせることがほとんど無いので、身近にいる同期と接する機会が、付き合いまで発展するかどうかになります。

私が百貨店に入社した時代は、百貨店が好調であったのと、多店舗化で同期が三百人を超えていましたが、良く話をしたのは、同じ店舗にいる同期だけでした。一年も経つと次の新人が入ってきますので、同期よりも職場の先輩後輩との関係が強くなります。そのころの先輩との付き合いは、お世話になったこともあり、忘れることが出来ない思い出になりました。仕事帰りに飲む機会は、東京では多かったのですが、仕事の延長なので、それ以上にプライベートにまで広がることはありませんでした。

確かに上司や先輩に相談できないことでも、気の合う同期であれば、気楽に話しができますが、距離感がそれぞれ違いますので、同期なら誰でもと言う訳には行きません。お互いに認め合うような関係で、仕事振りが分かり、良いところを真似たり、それを超えたり、刺激し合える同期がいれば、是非お付き合いして、情報の共有と、パイプ作りが出来れば、お互いの関係性が良くなり、接遇にも繋がると思います。

48　飲み会ｏｒ食事会でコミュニケーションする

車通勤が主体で、飲む機会が少ない地域と、そうではない都市部では、職場のコミュニケーションの仕方が違うようです。百貨店にいた時は、週に何度も先輩から誘われ、上司になれば、部下や後輩を誘い飲みに行っていました。お酒が強かった訳ではなく、言いたいことが言えると思っていたからで、相手にも喋って貰えるような雰囲気は、創っていたと思います。今の時代は、飲まない人を無理に誘うことは無いので、食事会のような形で、仕事終わりにコミュニケーションすることが普通のようです。

大切なのは、そのために機会を作ることであり、その機会に参加することで、それが接遇に結びつきます。職場で話しにくい仕事のことも、プライベートなことも、仕事の仲間として話ができる関係は、無駄にはなりません。そして、職場が変わっても継続できたならパイプ作りになり、仕事にもプラスになります。

その中で、職場のコミュニケーションを仕組みとして発展させることも重要になりますので、共感できる新聞記事を基に、コミュニケーションを考えてみたいと思います。

＊〈タイの拠点を持続可能に〉日刊工業新聞

同志社大学商学部教授　中小企業マネジメント研究センター長　関　智宏

タイ人の職場環境

1　経営への参画意識が強い↓権限移譲
権限移譲の条件には、円滑なコミュニケーションが必要で、円滑なコミュニケーションには、信頼関係の構築が前提になる。

2　労働承認欲求が強い↓貢献度を明らかにして評価賃金へ反映
成果主義だけではなく、年功主義も加味した評価基準を明示することが平等性を担保することになる。

3　労働条件の能動的な選択意識が強い↓キャリアアップ、福利厚生を明示して選択労働への向上心を満たす継続性のある仕組みを構築する必要がある。

4　人材育成への意識が強い↓後輩への指導、育成を委ね、経験の向上を認識人材育成を企業文化として継承していくためには、具体的な育成手法の確立が必要になる。

5　職場内のコミュニケーション要望が強い↓仕事について話し合いの場と時間の確保コミュニケーションの必要性を共通認識し、仕組みとして仕事に加えることが重要になる。

以上

これは、二〇一九年十月二十八日の日刊工業新聞に掲載された記事を抜き出したもので、タイでの職場環境を維持していくために、日本企業に求められる雇用意識を同志社大学商学部教授の関智宏先生が、寄稿されたものです。五項目のどれをとっても日本でも通用する、必要とされる項目で、共感する部分が多く、部下と上司の関係性や、同僚との関係性で掘り下げてみようと思います。

1　経営への参画意識が強い↓権限移譲

上司が部下へ権限を委譲する際に考えることは、任せて大丈夫か、上司が考えるレベルで仕事が出来るか、ここに尽きます。上司は部下の育成義務を負っていますので、経験を積ませて自分のレベルに近づけるようにと意識が働きます。上司がこの意識で部下に接していても、部下として仕事を任せて貰えるかどうか、重要となるのは上司への報連相が適時出来るかになります。

報告連絡相談にもレベルがあります。初期であれば常に必要になりますが、キャリアが上がれば、一々行うと逆に任せている意味が無くなります。キャリアが上がると言うことは、報連相のタイミングや、頻度にも上司への接遇意識が必要になります。

2　労働承認欲求が強い↓貢献度を明らかにして評価賃金へ反映

成果に対する評価は、目標が明確であれば明らかになりますが、年功に対する評価は、判断が難しい部分が多く、組織の考え方や仕組みが重要になります。ただし、個人への年功評価基準があったとしても、それを最終的に行うのは上司ですから、部下との信頼関係の中には、部下への接遇意識が重要になります。

3　労働条件の能動的な選択意識が強い→キャリアアップ、福利厚生を明示して選択

日本での現状は、労働条件にある程度基準が設けられていますので、これによって仕事（職場）の選択がなされることは多くないと思われます。殆どが入社前に、総合的な労働環境や労働条件で、仕事の選択が判断されていると考えられます。

ただし、キャリアアップやスキルアップは、入社後の本人の努力によって形成されることが多いので、確りそのレベルを見極め、それに沿った職場環境が必要で、モチベーションの向上、マンネリ化の防止に役立つことが接遇に繋がります。

4　人材育成への意識が強い→後輩への指導、育成を委ね、経験の向上を認識

ここは3のキャリアアップに繋がる部分もありますが、上司が部下へ行う育成と、先

輩が後輩へ行う育成には違いがあります。上司が部下へ育成を行う場合は、最終的に評価が存在します。先輩が後輩へ育成を行う場合は、手順やマニュアルが明確になっている必要があります。

それぞれに違いはありますが、共通している事は、教える側の上司、先輩のスキルアップに繋がることが挙げられます。人に何かを教える時、教える側もその教える内容を反芻、反復することになりますので、部下、後輩への接遇意識が効果のポイントになります。

5　職場内のコミュニケーション要望が強い→仕事について話し合いの場と時間の確保

日本での現状は、仕事が終わった後に話し合いの機会を設ける場合が多いようですが、職場内のコミュニケーションは、生産性を維持向上させることに繋がることから、仕組みとして業務時間内に組み込む必要があります。その時の課題になるのがコミュニケーションレベルです。どんなレベルであれば生産性に結びつくのか、職場で行われる話し合いでは、いくつかの条件が必要になります。

一番重要なのは、継続性だと思います。常に結論が見出せればいいのですが、内容によっては、一回で終わらない場合も想定されますので、場所と継続できる環境を整えた上で、八項目を上げたいと考えます。

（1）事前準備のために進行役が必要になる
（2）共通の参加意識を持って参加する
（3）業務時間に行うので設定時間を厳守する
（4）全員が望ましいが代表者が参加する場合は同じメンバーにする
（5）話し合いの場なので全員の顔が見えるようにする
（6）簡単でもいいが議事録を残して、欠席者にも伝える
（7）内容によって話し合いの着地点を決める
（8）全員が必ず発言できるようにする

この話し合いの形式で継続が出来れば、生産性を維持向上させるコミュニケーションレベルが担保できると考えられます。

49　計画的な貯蓄をする

貯蓄は、目的があれば誰でもすると思います。では、何の目的を優先するのか、家庭があれば、子供や家族の将来に貯蓄することになりますが、家族の年齢によって優先順位が変わることもあると思います。

五十代になっての貯蓄の優先順位は、私の場合は、老後です。年金の受給年齢は、確実に上がって来て、それに伴い定年も伸びることになりますが、受け取る年金額が上がることは考え難い時代です。長寿時代になり、八十五歳以上生きていることを想定すると、年金の繰下げ受給も考えながら、それ以外の貯えを準備しておくことが必要になると思います。

独身時代には、やりたいことが沢山ありますが、将来のことを考えて、少しだけでも貯蓄をすることをお勧めします。今の時代は、結婚していれば共働きが普通で、その中から貯蓄をすることになります、いずれは老後のことを考えることになりますので、準備や計画を持っていることは大切だと考えます。一生独身ならば制約が少ないですが、家族やパートナーがいれば、その人ために老後を準備することも大切であり、それも接遇だと思います。

50　家族の協力で自己投資する

独身ならば、自己投資は比較的容易いですが、家庭があると、自己投資は後回しになり、家族子供優先になるのは、当然だと思います。しかし、こうも考えられます。一般的に家族の中で、一番稼ぐのは男性だと思います。ただ、多く稼ぐためには、何が必要かと考えれば、自営業でない限り、普通は、職位を上げて収入を上げるように努力することになります。

職位を上げるための努力の中に、自己投資があります。自己投資は、資金的な事の他に、時間や機会もあります、資金的には難しくても時間や機会であれば、家族の協力が得られます。時間や機会の自己投資とは、専門分野の勉強や、知識を得るためのセミナー参加であり、資格取得でもあります。その時間や機会の投資を早い時期から行うことが、スキルアップにプラスになり、これが家族への接遇に結びつきます。そのために家族の理解を得ることが必要で、協力無くして自己投資は叶えられません。

Ⅳ　エピソード

51　接遇（ホスピタリティ）は仲間から始める

サッカーの長沼健氏をご存じでしょうか。二〇〇八年にお亡くなりになりましたが、日本代表や代表監督、日本サッカー協会会長を務められた方です。協会長をされていた時に、長沼さんの講演を聞く機会がありまして、その際の話になります。

長沼さんが現役の頃、ブラジルのペレも現役だったそうで、長沼さんによると、ペレがなぜあれだけ得点が入れられたのか、二十二年間、一三六三試合、一二八一得点だそうです。身体能力が高かったことは有名だそうですが、他にも同レベルはいたそうで、それでは何が優れていたか。長沼さんによれば、類い稀なパスの正確さだそうです。ブラジルのサッカーと言えば個人技のようですが、ペレはパスの精度がずば抜けていたそうで、味方が返しやすい正確なパスを送ることで、自らに良いパスを貰える、これが得点王に何度も輝いた神様ペレだそうです。

つまり、仲間との関係でも仲間を思いやる良いパス、良い仕事を送れば、自分へ良いパス、良い仕事が戻ってくる。だから接遇（ホスピタリティ）は、仲間から始めることが大切だとの考えです。

52　なぜ笑顔が必要なのか

スーパーのレジに並んだことがあると思いますが、並ぶときに空いているレジに並びませんか。早く精算して家に帰りたいからでしょう。

以前に、地元のスーパーのレジで行列が出来ていることがあり、沢山並んでいるレジ、そこそこ並んでいるレジ、ほとんど並んでいないレジがありました。なぜそんな現象が起きるのでしょうか。空いているレジに並ばない理由です。

理由は自分で体験して分かりました。最初は、ほとんど並んでいないレジで精算して、次の機会にそこそこ並んでいるレジで精算しました。そして混み合っていないときに、いつも沢山並んでいるレジで精算しました。違いは明快でした。バーコードの読み取りの速さ、精算籠への移し替えの仕方、現金クレジットの受領の正確さ、つまり手際の良さの差でした。そして最後の笑顔のお辞儀に安心感がプラスされていました。

おそらく、どのレジでも規則通り、マニュアル通りの応対になっていると思いますが、無駄な動きがない、きびきびしている、間違いがない、笑顔がある、だから安心感がある、それが理由でした。笑顔は、相手へ安心感を与え、自身への笑顔の返礼に繋がる接遇への第一歩と考えられます。

53　気付いたことを言葉にする

市役所でマイナンバーカードの窓口臨時職員として働いていた際の話になります。ご存知の方もいらっしゃると思いますが、マイナンバーには、紙の通知カードと、写真付きのプラスチックカードがありまして、全国民に交付されているのが紙の通知カードになります。それを希望して申請された方へ写真付きのカードを窓口で交付する仕事をしていました。この写真付きのカードのことをマイナンバーカードと呼んでいました。

二〇一七年の八月の平日に、七十五歳の女性がマイナンバーカードを窓口に取りに来られました。私が担当する時間であったため応対をしました。お客様が窓口で、「マイナバーカードを受け取りに来ました、私はいらないと思ったので、放っておいて取りに来ませんでしたが、息子が取りに行って来いと言うので今日伺いました」持参している書類は、約一年前に出した交付の案内文で、それを頼りに検索して保管しているのを確認できました。交付の際に必要な身元証明書は、免許証と後期高齢者受給者証をお持ちでしたので、交付するための条件は揃いました。

保管してあったマイナンバーカードをお見せして、ご本人の物か確認して頂いた際に、「何時こんな写真を撮ったのかしら申請も息子がしたので、よくわからなくて」とお話になりました。その後、手続きをしていただき、カードお渡しして受領のサインをいただきました。

お帰り際にお客様が「私は、免許証があるし、いらないと言ったのに、息子が勝手に申請して、取りに行っていなかったら　行って来いと言うものだから・・・」と不満げな様子でしたので、私から一言「お客様、息子様は、お母様のことを想って申請なさったと思います、免許証は、何時かは返すことになるとお思いになりませんか、その後に、ご自身を証明するものが、手元になくなってお母様が不便になると考えられて申請をされたと思います」と伝えると、「そうなのかしら」とのこと。

私が「息子様が、お母様のことを想ってのことで、お優しいと思います」お客様は無言でしたが、私がお見送りの挨拶を「これで、交付は終了になります、お忙しいところありがとうございます、お気を付けてお帰り下さいませ。息子様にもどうぞよろしくお伝えください」と告げると、お客様が「ありがとございました」と言った後に思わぬ反応を示されます。

深々と頭下げられ、心の底からの謝意を示されました。今までの窓口応対で見たこともない最敬礼をされました。来庁時には、息子さんが余計なことをしたと不満をお持ちでしたが、お帰りには、息子さんの想いに気付かれて、息子さんへの感謝の気持ちも持帰られたようでした。

気付いていなければ、通常のマイナンバーカードの交付で終わっていたことが、気付いたことを言葉にして伝えることで、お客様に感謝され、喜んでもらえ、自身も嬉しくなる。接遇の典型的な場面として今でも忘れられない出来事として思い出されます。

あとがき

接遇や接客を伝える本は沢山出版されています。今回本を出すにあたり、改めて何冊か読んでみましたが、殆どはお客様に関するもので、サービス業界の仕事が中心でした。それはそれで大切で、必要性は理解できますが、私が百貨店にいる際には殆ど読んだことがありませんでした。

理由は、その当時（古いですが）、実践こそが向上の有効手段、見て真似て覚えると教えられていたからです。実際に場数を踏むことで、自身の接客パターンが増えて、どんなお客様にも応対できるようになりました。見方を変えると、お客様に接客する実践の中で練習していたのです。今はどうでしょうか、接客に関して、知識の座学は別ですが、実践する場合は同じなのかも知れません。

今回、「職場の接遇」と言うタイトルで、本を書きましたが、見方を変えると内容は「ビジネスマナー書」「職場の人間関係書」「社内コミュニケーション書」にもなると考えられます。それくらい、接遇から派生する範囲が広くなるのだと思いますが、これからの時代は、人間関係がより希薄になるとも言われていますので、接遇の必要を感じない人も多くなるのかも知れません。

しかし、接遇は相手が人であれば、「家族」「夫婦」「親子」「友人」等の身近な人にも存在します。普通は人との関係を良くしたいと願っています、だとすれば、誰にでも接遇が必要になるのではないかと考えられます。

接遇は、日本人の「おもてなし」にも通じて、相手の身になる、献身する、ここがサラッとできることが、他人から見て好感が持て、尊敬の念が湧いてきます。自分も感じていることは、凡そ他人も感じています。もしもそうでなかったとしても、接遇を自分から率先する勇気と優しい気持ち、大きな気持ちがあれば、後は一歩踏み出すだけです。そこから必ず変化が生まれます。

もし変化が生まれなくても、口に出さないだけで、感じている人が必ずいます。自分自身の満足が満たされなくても、それをやり続けることが、自身を成長させることに繋がりますので、自身と職場を見直してみてはいかがでしょうか。

ご相談があれば、こちらへメールでご連絡ください、個人でも組織でも、私で良ければアドバイスやお手伝いをいたします。

アドレス：setsugood@outlook.jp

著者プロフィール

◇氏名：髙城 勝行
一九五四年東京都生まれ（六十五歳）
東急百貨店二十五年
パチンコチェーンニラク十七年（郡山シティホテルフロント一年）
郡山市役所マイナンバー窓口業務二年半
三春町役場税務課確定申告会場受付業務三か月
株式会社ＳＥＴＳＵＧＯＯＤ（セツグッド）創業

◇その間に携わったこと
多くのプロジェクトを主導
接客（接遇）の環境改善
顧客満足度調査担当（サービス産業生産性協議会）
顧客満足度の高い業態（劇団四季、ディズニーランド、リッツカールトン）サービス分析
郡山市役所市民課で職員向けの接遇向上セミナー講師二〇一七年
郡山歯科医師会接遇向上セミナー講師二〇一八年

「職場の接遇」
上司・部下・同僚編
自身を成長させる「職場の接遇」

二〇二〇年七月三日　初版第一刷発行

著　者　髙城勝行
発行者　谷村勇輔
発行所　ブイツーソリューション
〒四六六・〇八四八
名古屋市昭和区長戸町四・四〇
電　話　〇五二・七九九・七三九一
ＦＡＸ　〇五二・七九九・七九八四
発売元　星雲社（共同出版社・流通責任出版社）
〒一一二・〇〇〇五
東京都文京区水道一・三・三〇
電　話　〇三・三八六八・三二七五
ＦＡＸ　〇三・三八六八・六五八八
印刷所　藤原印刷

万一、落丁乱丁のある場合は送料当社負担でお取替えいたします。ブイツーソリューション宛にお送りください。
©Katsuyuki Takagi 2020 Printed in Japan
ISBN978-4-434-27644-6